DE LA VIE SUPERSENSUELLE

Beaugency. Imp. Laffray fils et gendre.

PETITE COLLECTION D'AUTEURS MYSTIQUES

JACOB BÖHME

DE LA VIE SUPERSENSUELLE

PRIX : UN FRANC CINQUANTE

PARIS
BIBLIOTHÈQUE CHACORNAC
11, QUAI SAINT-MICHEL, 11

1903

DANS LA MÊME COLLECTION :

L.-C. Saint-Martin. — *Ecce Homo.*

William Law. — *L'Esprit de la Prière.*

J.-G. Gichtel. — *Choix de Pensées.*

Madame Guyon. — *Douze Discours Spiritnels.*

DE LA VIE SUPERSENSUELLE

Qui est

Un Dialogue d'un Maître avec son disciple.

De quelle maniere l'ame peut parvenir à la contemplation et à l'ouïe divine : et ce qu'est son enfance dans la vie naturelle et sur-naturelle ; comme elle passe de la nature en Dieu, et derechef de Dieu dans la nature de l'ipsaïté : comme aussi ce qu'est son salut et la damnation.

Ecrit en l'an 1622.

1. Le disciple dit au Maître : Comment puis-je parvenir à la vie supersensuelle, tellement que je voie Dieu et l'entende parler ?

Le Maître répondit : si tu peus t'élever pour un moment jusque là, où nulle creature habite, tu entendras ce que Dieu parlera.

2. Le disciple dit : cela est-il loin ou prés ?

Le Maître dit : il est en toi, et si tu peus garder le silence pour une heure dans tout ton vouloir et tes sens, tu entendras des paroles de Dieu inexprimables.

3. Le disciple : comment pourrois-je entendre, si mon vouloir et mes sens sont en silence ?

Le Maître : lors que les sens et le vouloir de

l'ipsaïté seront en silence, l'ouït, le voir et le parler éternel sera manifeste en toi : Dieu lui-même entendra et verra par toi; ton propre ouït, ton propre vouloir et ton propre voir t'est en obstacle, que tu ne peus ni voir ni entendre Dieu.

4. Le disciple : par quel moyen puis-je voir et entendre Dieu, puisqu'il est au dessus de la nature et de la creature.

Le Maître : lors que tu te tiens en silence, tu es alors cela même, que Dieu étoit avant la nature et la creature, d'où il a formé ta nature et ta créature : alors tu vois et tu entends avec ce, avec quoi il voyoit et entendoit en toi, avant que ton propre vouloir, voir et entendre ût commencé.

5. Le disciple : qu'est-ce qui me retient, que je ne puisse parvenir à cet état?

Le Maître : ton propre vouloir, ton propre voir et entendre, et que tu resistes à ce, d'où tu as tiré ton origine : par ton propre vouloir tu te deromps du vouloir de Dieu, et par ton propre voir tu n'envisages que ton vouloir; ton vouloir bouche ton ouït par ta propre sensualité des choses terrestres et naturelles, il t'introduit dans un fond et t'ombrage avec ce que tu veus, tellement que tu ne sçauroit t'élever aux choses surnaturelles et supersensuelles.

6. Le disciple : puis que je suis dans la nature comment puis-je parvenir par la nature dans le fond supersensuel, sans la destruction de la nature.

Le Maître : trois choses sont necessaires pour cela. La premiere, que tu adonnes ta volonté à Dieu, et que tu t'abîmes dans sa misericorde. La deuxieme, que tu haïsses ta propre volonté, et que tu ne fasses point ce, à quoi elle te pousse. La troisieme, que tu te soumettes à la croix, afin que tu puisses soutenir les tentations de la nature et de la creature : si tu fais cela, Dieu parlera au dedans de toi, et il introduira ta volonté expropriée en soi, dans le fond surnaturel; alors tu entendras ce que Dieu parle en toi.

7. Le disciple : si je faisois cela, il faudroit que je quittasse le monde et ma propre vie.

Le Maître : si tu abandonnes le monde, tu

entres en ce, dont le monde a été formé : et si tu perds ta vie, et que tu défailles dans ton propre pouvoir, alors tu demeures en ce, qui t'oblige à l'abandonner, savoir en Dieu, d'où ces choses sont devenuës corporelles.

8. Le disciple : Dieu a creé l'homme dans la vie naturelle, afin qu'il dominât sur toutes les créatures sur la terre, et qu'il fût le Seigneur sur toutes les choses, qui sont au monde; c'est pourquoi ne faut-il pas qu'il les possède en propriété?

Le Maître : si tu viens à dominer, s'entend exterieurement, sur toutes les creatures, tu es avec ta volonté et ta domination d'une maniere bestiale, et tu n'es que dans une domination imaginaire et passagere : tu introduis aussi tes desirs dans une essence bestiale, dont tu seras infecté et captivé, et par là tu deviens comme une bête; mais si tu as renoncé aux formes ideales, tu te trouves dans la super-idealité, et tu domines sur toutes les creatures dans le fond, d'où elles ont été creées, et il n'y a rien sur la terre, qui te puisse nuire : car tout t'est égal, et il n'y a rien qui te soit inégal.

9. Le disciple : ô mon cher Maître, enseigne moi, je te prie, comme je puis parvenir le plus promptement à cet état, que tout me soit égal.

Le Maître : volontiers, souvien toi de ces paroles de nôtre Seigneur Jésus Christ : *si vous n'êtes changés et ne devenez comme des petits enfans, vous ne pouvez voir le royaume de Dieu*. Matth. 18 : 3. Si donc tu souhaites, que tout te soit égal, il faut que tu renonces à tout, et que tes desirs se detournent de toutes choses, et que tu ne les appetes point, tellement que tu ne souhaites posseder aucune chose en propre : car du moment que tu prens ce qui est quelque chose dans tes desirs, et que tu le laisses entrer, et le reçois en proprieté, cela devient une même chose avec toi, et opere avec toi dans une même volonté : ainsi tu es obligé d'en prendre soin de l[illegible] proteger comme ta propre substance; mais si [illegible]eçois rien dans tes desirs, tu es libre de tout, [illegible]mines tout à la fois sur toutes choses : car tu [illegible], en quoi tu te complaises, et tu es comme [illegible] à toutes choses, et toutes choses te sont aussi un neant; tu es comme un enfant, qui n'a aucune intelligence d'aucune chose; et bien que tu la comprens, si est ce que tu la comprens sans attouchement de ta sensibilité, de la même maniere, que Dieu domine sur toutes choses, et les voit, quoi qu'aucune chose ne le comprenne.

Quant à ce que tu m'as demandé, de quelle maniere tu peus parvenir à cet état: considere les paroles de Christ, qui dit : *hors de moi vous ne pouvez rien faire.* Jean, 15 : 5. Tu ne sçaurois par tes propres forces parvenir à ce repos, où nulle creature ne t'attouche, à moins que tu ne t'adonnes tout entier dans la vie de nôtre Seigneur Jésus Christ, et que tu lui rendes entièrement ton vouloir et tes désirs, tellement que tu ne veuilles rien sans lui : de cette maniere tu es bien avec le corps dans le monde dans les qualités, et à l'égard de ta raison tu es sous la croix de nôtre Seigneur Jésus Christ; mais quant à ta volonté, ta conversation est au ciel, et tu te trouves au bout, d'où toutes les creatures sont procedées, et où elles doivent retourner : ainsi tu peus considérer exterieurement toutes les choses avec ta raison, et intrinsequement avec ton esprit, et regner en et sur toutes choses avec Christ, *à qui toute puissance est donnée dans le ciel et dans la terre.* Mat. 28 : 18.

10. Le disciple : ô Maître! les creatures qui vivent en moi, m'empêchent de m'adonner entierement, comme je le souhaiterois.

Le Maître : si ta volonté sort des creatures, tu les a abandonnées en toi, elles sont dans le monde, et il n'y a que ton corps, qui soit avec elles, mais quant à toi, tu converses spirituellement avec Dieu : et si ta volonté abandonne les creatures, elles y sont comme mortes, elles ne vivent qu'au corps dans le monde tellement que si la volonté ne s'introduit pas en elles, elles ne sçauroient attoucher ton âme. Car St. Paul dit : *notre conversation est dans les cieux* : Phil. 3 : 20. *Vous êtes les temples du St. Esprit qui habite en vous* : 1. Cor. 6 : 19, ainsi le St. Esprit reside dans la volonté, et les creatures dans le corps.

11. Le disciple : si le saint Esprit habite dans la volonté de l'esprit, comment puis-je me preserver qu'il ne se retire de moi?

Le Maître : écoute les paroles de nôtre Seigneur Jésus-Christ : *si vous gardez ma parole, ma parole demeurera en vous.* Si c'est que tu demeures dans la parole de Christ avec ta volonté, sa parole et son Esprit demeureront en toi; mais si ta volonté entre dans les creatures, tu t'es derompu de lui, ainsi tu ne saurois te preserver autrement, si non que tu restes continuellement dans l'humilité expropriée, et que tu t'adonnes en une continuelle repentance, tellement que tu sentes un regret continuel de ce, que les creatures vivent en toi : si tu fais cela, tu meurs continuellement aux creatures, et tu fais une quotidienne ascension quant à ta volonté.

12. Le disciple : ô mon cher Maître, enseigne moi, comme je puis parvenir à une telle repentance continelle.

Le Maître : si tu abandonnes ce, qui t'aime, et que tu aimes ce, qui te haït, de cette maniere tu peus perseverer dans une continuelle repentance.

13. Le disciple : Que veut dire cela?

Le Maître : tes creatures dans la chair et le sang, de même que tous ceux, qui t'aiment, le sont, parce que ta volonté les nourrit, il faut que la volonté les abandonne et les repute pour des ennemis : et il faut que tu t'étudies d'aimer la croix de nôtre Seigneur Jésus Christ, avec le mépris du monde, qui te haït, et que tu en fasses chaque jour l'exercice de ta repentance; de cette maniere tu auras des sujets continuels de te haïr avec les creatures, et de chercher le repos éternel, dans lequel ta volonté se peut reposer, comme Jésus Christ nous l'enseigne, quand il dit : *vous avez repos en moi, mais vous aurez angoisse dans le monde.*

14. Le disciple : comment puis-je me recolliger dans cette tentation?

Le Maître : si tu t'enfonces toutes les heures une fois dans la plus profonde misericorde de Dieu, dans les souffrances de Jésus Christ, hors de toute creature au dessus de toute raison sensuelle, et que tu t'y plonges; tu obtiendras des forces pour dominer sur le peché, la mort, l'enfer, le diable et le monde : ainsi tu pourras subsister dans toutes les tentations.

15. Le disciple : comment serois-je heureux, moi pauvre miserable, si je pouvois parvenir là avec mon esprit, où il n'y a aucune creature?

Le Maître lui repondit avec beaucoup de douceur : mon cher disciple, si tu pouvois derompre ta volonté pour une heure de toutes les creatures, et t'élever jusques là, où il n'y en a aucune, elle seroit revêtuë par dessus de l'éclat le plus sublime de la gloire divine, et elle goûteroit en soi l'amour le plus doux de nôtre Seigneur Jésus Christ, qu'aucune langue ne sçauroit exprimer : elle ressentiroit en soi des paroles inexprimables de sa grande misericorde; elle éprouveroit en soi, que la croix de Christ seroit changée en soi en un doux bienfaire, et elle la prefereroit à toute la gloire et à tous les biens du monde.

16. Le disciple : que deviendroit donc le corps, puisqu'il faut qu'il vive dans la creature?

Le Maître : le corps seroit mis dans l'imitation de Jésus Christ, qui a dit : *mon règne n'est point de ce monde.* Il commenceroit à mourir intérieurement et exterieurement; au dehors à la vanité et aux œuvres mondaines, il deviendroit l'ennemi de toute lasciveté; au dedans à toutes les mauvaises convoitises et inclinations : il recevroit un sens nouveau, et une volonté toute nouvelle, qui seroient continuellement tournés à Dieu.

17. Le disciple : mais le monde viendroit à cause de cela à le haïr et mepriser, parce qu'il faudroit qu'il lui contredit, qu'il menât une autre vie et une autre conduite que lui.

Le Maître : c'est ce dont il ne se souciera aucunement, comme si on ne lui faisoit aucune peine; au contraire, il se réjouïra d'être rendu digne de devenir conforme à l'image de nôtre Seigneur Jésus-Christ, il portera très-volontiers cette croix après lui, afin qu'il lui influë son amour très-suave.

18. Le disciple : mais que deviendroit-il, si la colère de Dieu au dedans, et le monde mauvais au dehors venoient à fondre sur lui, comme il arriva à nôtre Seigneur Jésus Christ.

Le Maître : il lui arriveroit comme à nôtre Seigneur Jésus Christ. Lors que le monde et les sacrificateurs le chargeoient de mepris, et le crucifioient, il remettoit son ame entre les mains de Dieu son Pere, et il passa par des angoisses de ce monde à la joye celeste : c'est ainsi qu'il viendroit à penetrer en soi à travers tous les mepris et les angoisses de ce monde dans le plus grand amour de Dieu, qu'il seroit fortifié et conservé par le tres doux Nom de Jésus ; il verroit et ressentiroit en soi un monde nouveau, qui peneteroit à travers la colere de Dieu : c'est dans cet amour, qu'il envelopperoit son ame, et qu'il reputeroit tout lui être égal, quand même son corps seroit dans l'enfer, ou sur la terre, si est ce que son esprit seroit dans l'amour de Dieu le plus sublime.

19. Le disciple : mais comment est-ce que son corps auroit son entretien dans le monde, et comment pourroit-il pourvoir aux siens, si tout le monde venoit à le haïr ?

Le Maître : il recevra une meilleure faveur que toute la faveur du monde : car il a Dieu et tous les saints anges pour ses amis, ceux-là le protegent contre toute sorte de dangers, et aussi Dieu repand sa benediction sur toutes ses affaires; et quand il feroit semblant de la vouloir retirer, ce ne seroit qu'une épreuve et un attrait d'amour, afin qu'il redouble ses prieres, et qu'il lui remette toutes ses voyes.

20. Le disciple : mais il perdra tous ses bons amis, et il n'aura personne, qui lui tende la main dans ses necessités.

Le Maître : il recevra en propre, le cœur de tous ses bons amis; il ne perdra que ses ennemis, qui precedemment n'avoient d'affection que pour sa malice et pour sa vanité.

21. Le disciple : comment se peut-il faire, qu'il ait ses bons amis à lui en propre?

Le Maître : il reçoit toutes les ames de ceux, qui appartiennent à notre Seigneur Jésus Christ, pour ses freres et membres de sa propre vie : car les enfans de Dieu ne font qu'un en Christ, qui est Christ en tous; c'est pourquoi il les reçoit tous pour ses membres corporels en Christ : car ils ont tous les biens celestes en commun, et il vivent dans un même amour de Dieu, comme les branches d'un arbre vivent d'un même suc. Aussi il ne lui manque pas même des amis exterieurs et naturels, comme il est arrivé à nôtre Seigneur Jésus Christ; bien que les souverains Sacrificateurs et les Grands du monde ne l'aimassent aucunement, puis qu'ils ne lui appartenoient pas, et qu'ils n'étoient point ses freres ni ses membres, si est ce que ceux-là l'aimoient, qui étoient susceptibles de sa parole : ainsi ceux-là l'aimeront, qui aiment la vérité et la jutice, et s'associeront à lui, comme Nicodeme à Jésus de nuit, qui aimoit Jésus en son cœur à cause de la verité, apprehendant le monde exterieurement : ainsi il aura plusieurs bons amis, qui ne lui sont pas encore connus.

22. Le disciple : mais il est bien difficile d'être meprisé de tout le monde.

Le Maître : ce qui te paroit maintenant difficile, tu l'aimeras dans la suite le plus.

23. Le disciple : comment se peut-il, que j'aime ce, qui me méprise?

Le Maître : Maintenant tu aimes la sagesse terrestre; mais quand tu seras revêtu de la sagesse céleste, tu verras, que toute la sagesse mondaine n'est que folie, et que le monde ne haït que ton ennemi, savoir ta vie mortelle, laquelle tu haïs aussi toi-même, quant à sa volonté : ainsi tu commences d'aimer ce mépris de ton corps mortel.

24. Le disciple : mais comment peut-on concilier, qu'un homme s'aime et se haïsse aussi?

Le Maître : lors que tu t'aimes, tu ne t'aimes point comme une tuaïté (comme ce qui est à toi-même), mais l'amour, que tu as pour toi, est un don que Dieu t'a fait : tu aimes le fond divin en toi, par lequel tu aimes la Sapience divine et ses merveilles avec tes freres; mais quand tu te haïs, tu le fais quant à ta tuaïté, dans laquelle le mal t'adhere, tu le fais, en tant que tu voudrois bien rompre en toi ton égoïté (ce qui est à toi) et qu'elle te fût faite entierement pour un fond divin : l'amour haït l'egoïté, parce que l'egoïté est un venin mortel, et qu'elles ne peuvent point subsister ensemble : car l'amour possède le ciel et habite en soi-même, et l'egoïté possede le monde avec les choses, qui sont au monde, et elle habite aussi en soi même ; de même que le ciel domine sur la terre, et l'eternité par dessus le tems, ainsi l'amour regne aussi sur la vie naturelle.

25. Le disciple : mon cher Maître, dis moi, je te prie, pourquoi faut-il que l'amour et la douleur, l'ami et l'ennemi se trouvent ensemble, ne vaudroit-il pas mieux, qu'il n'y ût que pur amour?

Le Maître : si l'amour ne se trouvoit pas dans la douleur, il n'auroit rien, qu'il pût aimer ; mais par ce que l'objet, qu'il aime, savoir la pauvre âme, est dans la souffrance et dans la douleur, il a occasion d'aimer sa propre substance, et de la délivrer du tourment, afin d'être aimé à son tour : on ne pourroit pas aussi connoître ce qu'est l'amour, s'il n'avoit rien, qu'il pût aimer.

26. Le disciple : qu'est donc l'amour dans son efficace et sa vertu, dans sa hauteur et sa grandeur.

Le Maître : sa vertu c'est le néant, et la force pénètre toutes choses : sa hauteur est aussi haute que Dieu, et sa grandeur est encore plus grande que Dieu, celui, qui le trouve, trouve le néant et toutes choses.

27. Le disciple : dis moi, je te prie, mon Maître, comment je dois entendre ces choses?

Le Maître : Quant à ce que je dis, que sa vertu est le neant, tu le comprends, si tu sors de toutes les creatures, et que tu sois aneanti à leur égard : car alors tu seras dans l'Un éternel, qui est Dieu même, et tu ressentiras la vertu la plus sublime de l'amour.

Mais quand je dis, que sa force penetre toutes choses : c'est ce que tu ressentiras dans ton ame et dans ton corps, si une fois cet amour est allumé en toi, il brûle plus qu'aucun feu ne sçauroit faire : c'est aussi ce que tu peus remarquer dans toutes les œuvres de Dieu, comme l'amour s'est repandu en toutes choses, et c'est là le fond le plus intime et le plus exterieur en toutes choses ; interieurement quant à la vertu, et exterieurement quant à la forme.

Et quant à ce que j'ai ajoûté, que sa hauteur étoit

aussi haute que Dieu, tu peus le comprendre en toi-même, comme il t'eleve en toi aussi haut que Dieu est lui-même, comme tu le peus voir en nôtre Seigneur Jésus Christ selon nôtre humanité, lequel l'Amour a elevé jusqu'au plus haut du thrône dans la puissance de la divinité.

Mais pour ce que j'ai aussi dit, que quant à sa grandeur il est plus grand que Dieu, cela est aussi veritable, car l'amour entre même là, où Dieu n'habite pas : car lors que nôtre Seigneur Jésus Christ étoit en enfer, l'enfer n'étoit pas Dieu, si est ce que l'Amour y étoit, qui détruisoit la mort : aussi quand tu es dans l'angoisse, Dieu n'est pas dans l'angoisse, toute fois son amour y est, et te fait passer de l'angoisse en Dieu; lors que Dieu se cache en toi, l'amour y est, et c'est Lui qui le manifeste en toi.

En outre quand j'ai dit, que celui, qui le trouve, trouve le Néant et le Tout, c'est aussi une verité certaine : car il trouve un Abîme surnaturel et supersensuel, où il n'y a aucun lieu, où il puisse habiter, et il ne trouve rien, qui lui soit semblable; c'est pourquoi il n'y a rien, à quoi on le puisse comparer : car il est plus profond qu'aucune chose; c'est pourquoi il est à toutes choses comme un neant, parce qu'il n'est point comprehensible : et par cela même, qu'il est un neant, il est libre de toutes choses; c'est le bien unique, dont on ne saurait exprimer ce qu'il est.

Enfin ce que j'ai dit, que celui, qui le trouve, trouve Tout, est aussi très-véritable; il a été le commencement de toutes choses, et il domine sur tout : si tu le trouves tu atteins le fond, d'où toutes choses sont procédées, et dans lequel elles subsistent, et tu es en lui un Roi sur toutes les œuvres de Dieu.

28. Le disciple : mon cher Maître, dis moi encore, où c'est qu'il réside dans l'homme?

Le Maître : là où l'homme ne reside pas, c'est là où il a son siege dans l'homme.

29. Le disciple : où est cela, où l'homme n'habite pas en soi?

Le Maître : c'est l'ame expropriée tout au fond, lors que l'ame meurt à sa propre volonté, et qu'elle ne veut elle-même plus rien, que ce que Dieu veut, c'est là où l'amour habite : car autant a-t-il pris possession de la place, où la propre volonté résidoit auparavant, là il n'y a maintenant rien, c'est là où l'amour de Dieu est seulement operant.

30. Le disciple : mais comment puis-je l'atteindre sans mourir à ma volonté?

Le Maître : si tu le veus atteindre, il s'éloigne de toi, mais si tu t'adonnes entierement à lui, alors tu es mort à toi-même, quant à ta volonté, et il devient la vie de ta nature : il ne te fait point mourir, mais au contraire, il te rend vivant selon sa vie; alors tu ne vis point selon ta volonté, mais selon la sienne, car ta volonté devient la sienne, tu es alors mort à toi-même, mais vivant à Dieu.

31. Le disciple : d'où vient, qu'il y a si peu de gens, qui le trouvent, quoi qu'ils souhaiteroient bien de l'avoir?

Le Maître : c'est qu'ils le cherchent tous dans quelque chose, comme dans l'opinion imaginaire, dans leur propres desirs, avec cela ils conservent presque tous leurs propres convoitises naturelles, et bien qu'il s'offre à eux, si est ce qu'il n'y trouve point de place, car l'idealité de leur propre volonté a occupé sa place, et l'idealité de la propre volupté le veut avoir en soi; mais l'amour s'enfuit, car il n'habite que dans le neant, c'est pourquoi on ne le trouve point.

32. Le disciple : qu'est son office dans le neant?

Le Maître : son office est de penetrer continuellement ce qui est quelque chose, et s'il peut trouver place en ce qui est quelque chose, qui se tient coi, il l'embrasse et il s'y egaye plus avec son amour ignée flambant, que le soleil dans le monde : son office est d'allumer continuellement un feu dans ce qui est quelque chose, et d'y brûler et s'y super-enflammer.

33. Le disciple : ô mon cher Maître, comment dois-je comprendre cela?

Le Maître : si une fois il pouvait allumer un feu en toi, tu pourrois bien sentir, comme il brûle ton egoïté et il s'egaye de telle sorte de ton feu, que tu aimerois mieux mourir, que de rentrer dans ce, qui est quelque chose en toi : aussi sa flamme est si grande, qu'elle ne t'abandonneroit point, quand il t'en devroit coûter la vie corporelle, il iroit avec toi dans son feu à la mort; et quand tu descendrois aux enfers, il detruiroit l'enfer pour l'amour de toi.

34. Le disciple : mon Maître, je ne puis plus supporter ce, qui me retient dans l'égarement, comment pourrai-je prendre le chemin le plus court pour le trouver?

Le Maître : marche là, où le chemin est le plus rude, embrasse ce, que le monde rejette, ne fais point ce, qu'il fait : marche en toutes choses d'une maniere opposée au monde ; c'est le chemin le plus court pour parvenir à l'amour de Dieu.

36. Le disciple : si je viens à prendre une conduite opposée en toutes choses au monde, je serai reduit dans la derniere necessité et inquietude, et avec cela je serois reputé pour fou.

Le Maître : je ne dis pas, que tu dois faire du mal à personne, mais comme le monde n'aime que la tromperie et la vanité, et marche dans une voye fausse; si tu veus prendre le contrepied en toutes choses, tu n'as qu'à marcher uniquement dans le droit chemin, car la droite voye est opposée à toutes les siennes.

Quant à ce que tu dis, que tu n'aurois que du tourment, cela n'arrive qu'à l'égard de la chair, et cela te donne une continuelle occasion à la repentance; et l'amour aime le plus d'être dans cette angoisse avec son souffler de feu.

Tu dis encore, qu'on te tiendra pour un fou, cela est aussi vrai, car la voye, qui nous amène à l'amour de Dieu, est une folie devant le monde, mais à l'égard des enfans de Dieu, c'est une sagesse : lors que le monde apperçoit ce feu de l'amour dans les enfans de Dieu, il dit, qu'ils sont devenus fols; mais à l'égard des enfans de Dieu c'est un thresor si precieux, lequel nulle vie ne peut jamais exprimer, et nulle bouche ne sçauroit nommer ce, qu'est le feu de l'amour de Dieu enflammé, qui est plus blanc que le soleil, et plus doux qu'aucune chose, et plus efficace qu'aucune viande ni liqueur, plus agreable qu'aucune joye de ce monde : celui, qui l'obtient, est plus riche que le plus grand Roi de la terre, et plus noble qu'un Empereur, et plus fort qu'aucune puissance.

36. Le disciple demanda encore au Maître : où s'en va l'âme, lorsque le corps meurt, soit qu'elle soit bienheureuse ou damnée?

Le Maître : elle n'a point besoin d'être transportée, mais c'est seulement cette vie extreieurement mortelle avec le corps, qui se separe seulement de l'ame : elle a déja auparavant le ciel et l'enfer en soi, comme il est écrit : *le regne de Dieu ni viendra point avec apparence ; on ne dira point aussi : voici il est ici, car le regne de Dieu est au dedans de vous* : elle demeure dans ce, qui sera manifeste en elle, ou dans le ciel ou dans l'enfer.

37. Le disciple : n'est-elle donc pas transportée dans le ciel ou dans l'enfer, de la même maniere qu'on entre dans une maison, ou comme on passe par quelque trou dans un autre monde?

Le Maître : nullement, il ne se passe aucun tel transportement : car le ciel et l'enfer sont presens par tout; ce n'est qu'une introversion de la volonté, ou dans l'amour de Dieu ou dans la colere; et cela arrive dans les jours de notre vie, ce qui fait dire à St-Paul : *nôtre conversation est dans les cieux,* Christ dit aussi : *mes brebis entendent ma voix, et je les connois, et elles me suivent, et leur donne la vie éternelle, nul aussi ne les ravira de ma main.* Jean, 10 : 27,28.

38. Le disciple : comment se fait cette entrée de la volonté dans le ciel ou dans l'enfer?

Le Maître : lors que la volonté s'abandonne tout au fond à Dieu, alors elle sort d'elle même hors de tout principe et de tout lieu, où Dieu seul se manifeste, où il opere, et où sa volonté se fait, et ainsi elle devient à soi même un neant selon sa propre volonté : alors Dieu veut et opere en elle, et il habite dans sa volonté expropriée, et c'est par là que l'âme est sanctifiée, qu'elle entre dans le repos divin.

Lors donc que le corps romp, l'ame se trouve toute penetrée de l'amour divin, et transparente de la lumiere divine, comme le fer est rougi dans le feu et y perd sa noirceur. C'est là la main de Christ, où l'amour de Dieu habite entierement en toutes les parties de l'ame, et c'est en elle une lumiere éclatante et une nouvelle vie : c'est ainsi qu'elle est dans le ciel, et qu'elle est un temple du St-Esprit, et elle-même est le ciel de Dieu, dans lequel il habite.

Mais une ame impie ne veut point entrer durant cette vie dans l'expropriation divine de sa volonté, mais elle persevere dans les propres convoitises et désirs, dans la vanité et dans la fausseté, dans la volonté du diable : elle n'amasse en soi que la malice et les mensonges, l'orgueil, l'avarice, l'envie et la colere, et elle s'y jette par sa volonté. Cette vanité devient aussi manifeste et operante en elle, et penetre l'ame entierement, comme le feu penetre le fer. Une telle ame ne peut parvenir au repos divin : car la colere de Dieu est manifeste en elle; et lors qu'elle se separe du corps, alors le remords et le desespoir éternel commencent, car elle sent, qu'elle est devenuë une pure abomination, pleine d'angoisse, et elle a hõte de s'approcher de Dieu avec sa fausse volonté, et certes elle ne le peut pas, car elle est captive dans la fureur, et elle n'est qu'une pure fureur, et elle s'y est enfermée par ses mauvais désirs, qu'elle a excité en soi. Et puisque la lumiere divine ne luit point en elle, et que son amour ne l'attouche point, elle n'est que tenebres épaisses, et un tourment de feu bien penible et angoisseux, elle porte l'enfer en soi, et ne sçauroit voir la lumiere divine. Ainsi elle demeure en elle même dans l'enfer, sans avoir besoin d'y entrer : car par tout, où elle est, elle est dans l'enfer; et quand elle pourroit s'éloigner de son lieu de plusieurs mille lieuës, elle le trouveroit néanmoins toûjours dans ce tourment et dans ces tenebres.

39. Le disciple : d'où vient donc qu'une ame sainte ne peut pas jouïr parfaitement dans ce monde de cette lumiere et de cette grande joye, et que l'impie ne sent aussi point son enfer, si l'un et l'autre sont dans l'homme et y operent.

Le Maître : le royaume des cieux est dans les saints en telle forte, qu'il opere et se fait sentir dans leur foi, ils sentent l'amour de Dieu en leur foi, par laquelle la volonté s'adonne à Dieu : mais la vie naturelle est environnée de la chair et du sang, elle est à l'opposite de la colere de Dieu, environnée des vains plaisirs de ce monde, lesquels ne cessent de penetrer cette vie exterieure mortelle; de sorte que d'un côté le monde, le diable de l'autre côté, et en troisieme lieu la malediction de la colere de Dieu penetrent la vie dans la chair et le sang, et la criblent : et par là l'ame est souvent en angoisse, lors que l'enfer la veut forcer de telle maniere, et se veut manifester en elle; mais elle se plonge dans l'esperance de la grace divine, et elle demeure comme une belle rose au milieu des épines, jusques à ce que le regne de ce monde soit entierement aneanti en elle par la mort corporelle : c'est alors qu'elle sera manifeste entierement dans l'amour de Dieu, lors que rien ne lui fait plus d'empéchement. Il faut que durant cette vie elle chemine dans ce monde avec Christ, qui la delivre de son propre enfer, entant qu'il la penetre de son amour, et qu'il demeure avec elle dans l'enfer, et qu'il change son enfer en ciel. Quant à ce que tu dis, pourquoi l'impie ne sent point son enfer dans cette vie, je dis, qu'il le sent bien dans sa fausse conscience, mais il ne comprend pas ce que c'est. parce qu'il a encore la vanité terrestre, dans laquelle il se plait, où il trouve de la joye et de la volupté : la vie exterieure a aussi encore la lumiere de la nature exterieure, où l'ame s'égaye, tellement que son tourment ne se manifeste pas; mais lors que le corps meurt, l'ame ne peut plus jouïr de cette volupté temporelle, la lumiere du monde exterieur est aussi éteinte pour elle; alors elle a une faim et soif éternelle de telle vanité, qu'elle a aimée dans ce monde, mais elle ne peut rien atteindre, que sa fausse volonté, qu'elle a embrassée : elle a alors disette des choses, qu'elle avoit en superflu dans cette vie, et dont néanmoins elle n'a pas voulu se contenter, elle en a maintenant trop peu; c'est pourquoi elle a une faim et soif éternelle de la vanité, de la malice et de la lubricité : elle voudroit bien encore continuer à malfaire, mais elle n'a point le moyen de le pouvoir accomplir, de sorte que cet accomplissement se fait seulement en elle-même; et cette faim et soif infernale ne peuvent être mises en évidence en elle, jusqu'à ce que le corps meurt, avec lequel elle a ainsi paillardé dans la volupté, qui lui fournissoit ce qu'elle desiroit.

40. Le disciple : puis que le ciel et l'enfer sont aux prises au dedans de nous durant cette vie, et que Dieu est si prés de nous, quelle est l'habitation des anges et des diables durant ce tems?

Le Maître : là où tu n'habites point avec ton ispsaïté et ta propre volonté, c'est là où habitent les anges avec toi et par tout : et là où tu habites avec ton ipsaïté et ta propre volonté, c'est là où habitent les diables avec toi et par tout.

41. Le disciple : je ne comprens pas cela.

Le Maître : là où la volonté de Dieu se déploye en quelque chose, Dieu y est manifeste, et les anges habitent aussi dans cette manifestation : et lors que Dieu ne veut pas dans une chose avec la volonté de cette chose, Dieu n'y est point manifeste, mais il habite seulement en soi même, sans aucune coopération de cette chose; là il n'y a qu'une propre volonté hors de la volonté de Dieu, et c'est là où habite le diable et tout ce qui est hors de Dieu.

42. Le disciple : combien sont éloignés l'un de l'autre le ciel et l'enfer?

Le Maître : comme le jour et la nuit, comme ce qui est quelque chose, et ce qui n'est rien : ils sont l'un dans l'autre, et l'un est continuellement à l'égard de l'autre comme un neant; ils se causent réciproquement de la joye et de la douleur. Le ciel est par tout le monde et hors du monde, par tout sans division, sans lieu et sans place, et opere seulement en soi par la manifestation divine : et en ce qui y entre, ou dans ce en qui il est manifesté, c'est là où Dieu est manifeste. Car le ciel n'est autre chose, que la manifestation de l'Un éternel, où tout opère et veut dans un amour tranquille.

Et l'enfer est aussi par tout le monde, il habite et opere aussi en soi même et dans ce, où le fondement de l'enfer est mis en evidence, comme dans l'ipsaïté et dans la fausse volonté. Le monde visible a l'un et l'autre en soi : mais l'homme, quant à sa vie temporelle, est seulement du monde visible, c'est pourquoi il ne voit point le monde invisible durant le tems de cette vie exterieure; car le monde exterieur, quant à la substance, est une couverture du monde spirituel, de même comme l'ame est couverte par le corps : mais du moment que l'homme extérieur meurt, le monde spirituel est manifeste à l'égard de l'ame, soit dans la lumière éternelle avec les saints anges, soit dans les tenebres éternelles avec les démons.

43. Le disciple : qu'est donc un ange ou l'ame de l'homme, qu'ils puissent être ainsi manifestes dans l'amour ou dans la colere de Dieu?

Le Maître : ils procedent de la même origine, ils sont une portion de l'intelligence divine de la volonté divine, procedés du Verbe divin, et amenés à être l'objet de l'amour divin : ainsi ils sont du fondement de l'éternité, d'où procedent la lumiere et les tenebres : dans le propre amour de ses propres desirs sont les tenebres, et dans la conformité avec la volonté de Dieu est la lumiere; là où la volonté de l'egoïté de l'ame veut ce que Dieu veut, là est l'amour de Dieu dans son activité : et dans le propre agreement du vouloir de l'ame c'est là où la volonté de Dieu opere avec tourment, et n'est que des tenebres, afin que la lumiere soit connuë. Ils ne font autre chose, que la manifestation de la volonté divine, soit dans la lumiere, soit dans les tenebres des proprietés du monde spirituel.

44. Le disciple : qu'est ce donc que le corps de l'homme?

Le Maître : c'est le monde visible, une image et un abregé du monde : et le monde visible est une manifestation du monde interieur et spirituel, procedé de la lumiere éternelle et des tenebres éternelles, par une operation spirituelle; et il est un objet de l'éternité, par lequel l'éternité s'est renduë visible, où la propre volonté et la volonté expropriée operent l'une parmi l'autre, savoir le bien et le mal. L'homme extérieur est aussi une telle substance : car Dieu l'a creé du monde exterieur, et souffla en lui le monde intérieur spirituel pour son ame et sa vie intelligente; c'est pourquoi l'ame peut recevoir et operer le bien et le mal dans le monde exterieur.

45. Le disciple : qu'y aura-t-il donc après ce monde, quand tout cela aura pris fin?

Le Maître : ce ne seront que les êtres materiels

qui prendront fin, tels que sont les quatre elemens, le soleil, la lune, les étoiles : et alors le monde interieur spirituel sera tout à fait mis en evidence; mais quant à ce qui aura été operé pendant cette vie par l'esprit, soit bien, soit mal, chaque œuvre sera separée d'une maniere spirituelle, ou dans la lumiere ou dans les tenebres éternelles : car tout ce qui est engendré de chaque volonté, cela rentre dans son égalité. Et alors les tenebres seront nommées l'enfer, qui est l'oubliance éternelle de tout bien, et la lumiere sera appellée le royaume de Dieu, qui est la joye et la louange éternelle des saints, d'avoir été délivré des tourmens malheureux.

Le dernier jugement est un embrasement du feu selon l'amour et la colere de Dieu : c'est là où la matiere de toutes les substances prendra fin, et chaque feu attirera en soi ce qui lui convient. Ce qui est engendré dans l'amour de Dieu, attirera le feu de l'amour de Dieu en soi, et il y brûlera selon la maniere de l'amour, et s'adonnera lui-même en cela : mais ce, qui aura été operé dans la colere selon les tenebres, attirera en soi le tourment et consumera le mal; et ainsi il ne restera que la volonté peneuse dans sa propre forme et figuration.

46. Le disciple : en quelle matiere ou en quelle forme est ce que nos corps ressusciteront?

Le Maître : il est semé un corps naturel, grossier et elementaire, semblable en cette vie aux elemens exterieurs : et il y a dans ce corps grossier une vertu subtile, de même que dans la terre il y a aussi une bonne vertu subtile, qui se compare avec le soleil et s'y unit, qui est aussi sourdré au commencement de la vertu divine, d'où la bonne vertu du corps est aussi tirée : cette bonne vertu du corps mortel doit se reproduire en une proprieté materielle, aimable, transparente, cristalline, en une chair et un sang spirituel, et vivre éternellement; de même que la bonne vertu de la terre, par laquelle elle sera aussi cristalline, et la lumiere divine brillera dans tous les êtres. Et comme la terre grossiere prendra fin et ne reviendra plus, de-même aussi la chair grossiere de l'homme finira, et ne vivra point éternellement : mais il faut que tout vienne en jugement, et que tout soit séparé par le feu dans ce jugement, et la terre et la cendre du corps humain. Car lors que Dieu émouvra encore une fois le monde spirituel, chaque esprit attirera de rechef en soi la substance spirituelle : ainsi un bon esprit et une bonne ame attirera en soi la bonne essence; et une mauvaise attirera sa mauvaise essence; mais il ne faut entendre qu'une vertu essentielle et materielle, dont la substance n'est qu'une pure vertu, de même qu'une tincture materielle, où la grossiereté disparoit en toutes choses.

47. Le disciple : nous ne ressusciterons donc pas avec nos corps visibles, et n'y vivrons pas éternellement?

Le Maître : lors que le monde visible passera, tout l'exterieur passera avec lui, qui en est procedé : il ne restera de ce monde que la maniere et la forme cristalline et celeste; de même il ne restera de l'homme que la terre spirituelle : car l'homme sera entierement semblable au monde spirituel, qui est encore maintenant caché.

48. Le disciple : y aura-t-il aussi le mâle et la femelle dans la vie spirituelle, ou des enfans et des consanguins? s'y associera-t-il aussi l'un à l'autre, comme cela a été fait dans ce monde?

Le Maître : que tu es encore charnel! il n'y aura là ni mâle ni femelle, mais tous seront semblables aux anges, comme des vierges viriles, il n'y aura ni fils ni filles, ni freres ni sœurs, mais tous seront d'un même sexe, tous seulement UN en Christ, comme un arbre avec ses branches, toute fois ce seront des creatures distinctes, mais Dieu sera tout en tous. Il est vrai qu'il y aura une connoissance spirituelle de ce, que chacun aura été, et qu'il y aura fait, mais il n'y aura aucun propre amour ni desir pour le propre amour en ces choses.

49. Le disciple : jouïront-ils aussi tous d'un même degré de joye et de glorification?

Le Maître : l'écriture dit : *tel qu'est le peuple, tel est le Dieu. Aux purs tu es pur, et tu es pervers aux pervers.* Ps. 18 : 26, 27. Et St. Paul nous enseigne, qu'*il y aura des differences en la resurrection, comme entre le soleil, la lune et les étoiles*. 1. Cor. 15 : 41. Ainsi tu dois sçavoir, que tous jouïront de l'operation divine, mais il y aura des degrés de lumiere et d'efficace, tout à proportion de la vertu, dont chacun aura été revêtu en cette vie par son operation angoisseuse : car le travail angoisseux de la creature dans cette vie est une manifestation et generation de l'efficace divine, par où la vertu divine devient mobile et operative : ceux donc, qui dans cette vie auront travaillé avec Christ, et non pas dans les convoitises de la chair, ceux-là auront en eux une grande vertu et une glorification admirable; mais les autres, qui ne se seront attendus qu'à une satisfaction imputée, et qui auront cependant servi au dieu de leur ventre, et à la fin pourtant se seront convertis et seront rentrés en grâce, ceux-là n'auront pas une vertu et une illumination si sublime; c'est pour quoi il y aura entre eux une différence, comme entre le soleil, la lune et les étoiles, et comme entre les fleurs des champs, à l'égard de leur beauté et de leurs vertus.

50. Le disciple : comment et par qui le monde sera-t-il jugé?

Le Maître : ce sera par l'émotion divine, par la Personne et par l'Esprit de Christ, celui-là separera par le Verbe de Dieu, qui a été fait homme, ce qui n'est point à Christ; et son regne sera pleinement manifesté dans le lieu, où est presentement ce monde, car l'émotion de la séparation se fera par tout au même tems.

51. Le disciple : où est ce donc que les diables et tous les damnés seront jettés, si le lieu de cet univers est le regne du Christ, et qu'il sera glorifié? seront-ils poussés hors du lieu de ce monde? ou Christ manifestera-t-il sa domination et l'exercera-t-il hors de ce monde?

Le Maître : l'enfer demeurera dans le lieu de ce monde d'un bout à l'autre, mais il sera caché au royaume des cieux, comme la nuit est cachée dans le jour : la lumiere luira éternellement dans les tenebres, et les tenebres ne pourront point la comprendre. Or la lumiere est le regne de Christ, et les tenebres sont l'enfer, où habitent les démons et les méchans : ainsi ils seront opprimés par le regne de Christ; ils seront mis pour le marchepied de ses pieds, comme des objets d'opprobre.

52. Le disciple : comment est ce que tous les peuples pourront comparoître en jugement?

Le Maître : le Verbe divin éternel, dont toutes les creatures spirituelles tirent leur vie, s'émeut dans ce moment en amour ou en colere, dans toute vie qui est de l'éternité, et attire la creature devant le jugement de Christ. Par cette émotion du Verbe la vie sera manifestée dans toutes ses œuvres, et chacun verra et sentira en soi sa sentence et son jugement : car le jugement est manifesté dans l'ame au moment de la mort du corps humain; le jugement final n'est que le retour du corps spirituel, et la separation du monde, où le bien et le mal doivent être séparés dans la substance du monde et dans le corps, chaque chose dans son entrée et habitation éternelle : et c'est une manifestation des choses cachées de Dieu en toutes choses.

53. Le disciple : comment est ce que la sentence sera prononcée?

Le Maître : tu n'as qu'à considérer les paroles de Jesus-Christ, il dira à ceux qui seront à sa droite : *venez les benis de mon Pere, possedez en heritage le royaume, qui vous a été preparé des devant la fondation du monde : car j'ai û faim, et vous m'avez donné à manger; j'ai û soif, et vous m'avez donné à boire : j'ai été étranger, et vous m'avez logé : j'ai été nud, et vous m'avez vêtu : j'ai été malade et en prison, et vous m'avez visité. Et ils lui repondront : quand t'avons nous vu avoir faim et soif, étranger, nud, malade et prisonnier, et quand t'avons nous servi ainsi?*

Et le Roi leur répondra et dira : ce que vous avez fait à l'un de ces plus petits de mes frères, vous me l'avez fait.

El il dira aux méchans, qui seront à sa gauche : allez maudits au feu éternel, qui est preparé au diable et à ses anges : car j'ai û faim, j'ai û soif, j'ai été étranger, nud et en prison, et vous ne m'avez poinl servi.

Et ils lui repondront aussi, disant : quand t'avons nous vû dans cet état, et que nous ne t'avons point servi? mais il leur dira : en vérité je vous dis, que ce, que vous n'avez point fait à l'un de ces plus petits, vous ne me l'avez point fait; et ils iront aux peines éternelles, et les justes dans la vie eternelle. Matth. 25 : 34-46.

54. Le disciple : dis moi, je te prie, mon cher Maître, pouquoi Christ dit : ce que vous avez fait à l'un de ces plus petits, vous me l'avez fait, et ce que vous ne leur avez point fait, vous ne me l'avez point fait aussi? comment fait-on ces choses à Christ comme si c'étoit à lui-même?

Le Maître : Christ habite essentiellement dans la foi de ceux, qui se sont entierement adonnés à lui, et il leur donne son corps à manger et son sang à boire, et ainsi il possede le fond de leur foi selon l'intérieureté de l'homme; c'est pourquoi un Chrétien est un sarment dans ce Sep, et il est nommé un Chrêtien, par ce que Christ habite en lui spirituellement : cela donc qu'on fait à un Chrêtien dans ses necéssités corporelles, on le fait à JESUS Christ lui-même, qui habite en lui : car un tel Chrêtien n'est point à lui-même, mais il s'est donné entierement à Christ, il lui appartient en propre; c'est pourquoi ce qu'on lui fait, on le fait à JEsus Christ lui-même : et celui qui retire son secours de ces Chrêtiens nécessiteux, et qui ne veut point les servir dans leurs besoins, celui là rejette Christ et le méprise dans ses membres. Lors qu'un pauvre, qui appartient à JEsus Christ, te demande quelque chose, et tu le lui refuses dans son besoin, tu l'as refusé à JEsus Christ lui même; et tous les deplaisirs, qu'on fait à un tel Chrêtien, c'est Christ lui-même, qui les reçoit : lors qu'on se moque de lui, qu'on le calomnie et qu'on le repousse loin de soi, c'est à JEsus Christ, à qui on fait tout cela; mais celui qui les reçoit, qui lui donne à manger et à boire, qui l'habille et qui lui tend la main dans ses nécessités, c'est à Christ, à qui il rend tous ses offices et aux membres de son propre corps, qui plus est, il le fait à soi même, s'il est un Chrêtien : car en Christ nous sommes tous un, comme un arbre dans ses branches.

55. Le disciple : comment donc pourront subsister devant ce jugement ceux, qui tourmentent les chetifs, et qui succent leur sueur, les oppriment et attirent leur substance avec tyrannie, les reputant comme les semelles de leurs pieds, seulement pour

elever leur propre puissance, et pour consumer la sueur des miserables en orgueil et volupté?

Le Maître : tous ceux-là font ces choses à Christ lui-même, et sont destinés à son jugement le plus severe : car ils mettent par là leurs mains sur JEsus Christ, ils le persecutent dans ses membres, ils donnent secours au diable pour l'augmentation de son regne, et ils detournent les pauvres de Christ par leurs oppressions, en les obligeant à chercher aussi de mauvais moyens pour leur subsistance : en un mot, le diable ne sçauroit faire pire, qui resiste continuellement au regne de Christ dans l'amour. Tous ces gens là, s'ils ne se convertissent à Christ de tout leur cœur, et n'entrent dans son service, iront au feu éternel, destiné pour une semblable amour propre.

56. Le disciple : comment donc pourront subsister ceux, qui durant cette vie font la guerre pour le regne de Christ, et qui se persecutent, se méprisent, se calomnient et medisent?

Le Maître : tous ces gens là n'ont encore point connu Christ; ils n'ont encore que la figure, de même que le ciel et l'enfer se disputent mutuellement l'empire. Toute elevation d'orgueil, où l'on ne dispute que pour des opinions, n'est qu'une image de propriété : celui, qui n'a point la foi et l'humilité, et qui n'est pas dans l'Esprit de Christ, n'est armé que de la colere de Dieu, et ne sert qu'à la victoire de la propre volonté ideale, savoir au regne des tenebres et à la colere de Dieu. Car toute propre volonté sera livrée au regne des tenebres au jour du jugement : c'est pourquoi tout leur demelé inutil, par lequel ils n'ont aucunement la charité en vuë, mais seulement une proprieté ideale, l'envie de faire passer leurs opinions, excitant les Princes à la guerre pour ces opinions ideales, et avec leurs images ils causent la desolation des peuples et des provinces : tous ces gens là sont destinés au jugement de la separation du vrai et du faux; alors toutes les idées et les opinions cesseront, et tous les enfans de Dieu chemineront en l'amour de Christ, et lui en eux.

Tout zele, qui dans ce tems de combat ne procede pas de l'Esprit de Christ, et qui ne cherche pas uniquement l'avancement de la charité, mais seulement son propre avantage, est du diable et est destiné pour les tenebres, et sera separé de Christ : car dans le ciel tout sert à Dieu son Createur dans l'humilité.

57. Le disciple Pourquoi donc Dieu souffre-t-il de semblables querelles ?

Le Qaître : la vie est dans le combat, afin qu'elle soit manifestée, sensible et à trouver, et que la sagesse soit discernée et connuë : il sert aussi à la joye éternelle, qui resulte de la victoire. Car il en resulte une grande louange dans les saints en Christ, de ce que Christ a surmonté en eux les tenebres, et toute la proprieté de la nature, et les a affranchis du combat : c'est ce dont ils se réjouïront éternellement, lors qu'ils verront, quelle sera la recompense des mechans. Ainsi Dieu a mis toutes choses dans le franc arbitre, afin que la domination éternelle selon l'amour et la colere, selon la lumiere et les tenebres soit manifestée et connuë, et que chaque vie cause et excite son propre jugement : car ce, qui est maintenant un combat et un supplice aux saints dans leur état de misere, leur sera converti en une grande joye ; et ce, qui est une joye et un plaisir aux méchans en ce monde, sera changé pour eux en une honte et un supplice éternel. C'est pourquoi la joye des saints naîtra de la mort, de même que la lumiere procede d'une chandelle par sa mort et par sa consomption dans le feu ; afin que par ce moyen la vie soit affranchie du tourment de la nature, et qu'elle puisse posséder un autre monde. Comme la lumiere a tout à fait une autre qualité que le feu, et se communique elle-même, mais le feu prend de soi même, et se consume : ainsi la vie sainte de la débonnaireté reverdit par la mort, lorsque la propre volonté meurt, et que l'aimable volonté de Dieu seul regne et opere tout en tout.

Car alors ce, qui est éternel, a pris à soi la sensibilité et la difference, et il s'est ramené par la mort avec la sensibilité dans une grande joye, afin qu'il y ait dans l'Unité infinie une rejouissance éternelle : ainsi il faut que la souffrance soit le fondement et la cause de cette émotion.

Et c'est en cela où gît le mistere de la sapience de Dieu cachée.

Celui, qui demande, reçoit :
Celui, qui cherche, trouve :
A celui, qui heurte, il sera ouvert.

La grâce de nôtre Seigneur JEsus Christ,
L'Amour de DIEU,
Et la communion du Saint Esprit.
Soit avec nous tous. Amen !

DANS LA MÊME COLLECTION :

L.-C. Saint-Martin. — *Ecce Homo.*

William Law. — *L'Esprit de la Prière.*

J.-G. Gichtel. — *Choix de Pensées.*

Madame Guyon. — *Douze Discours Spirituels.*

www.ingramcontent.com/pod-product-compliance
Ingram Content Group UK Ltd.
Pitfield, Milton Keynes, MK11 3LW, UK
UKHW020406250726
13967UKWH00006B/2499